TODOS MIS OJOS TRISTES

PALABRAS PARA LA SALUD MENTAL

Papel certificado por el Forest Stewardship Council®

Primera edición: octubre de 2024

© 2024, Alba González
© 2024, Penguin Random House Grupo Editorial, S. A. U.
Travessera de Gràcia, 47-49. 08021 Barcelona
© 2024, Sara Herranz, por las ilustraciones
Diseño de la cubierta: Penguin Random House Grupo Editorial / Manuel Esclapez
Lettering: Randy Pérez

Penguin Random House Grupo Editorial apoya la protección de la propiedad intelectual. La propiedad intelectual estimula la creatividad, defiende la diversidad en el ámbito de las ideas y el conocimiento, promueve la libre expresión y favorece una cultura viva. Gracias por comprar una edición autorizada de este libro y por respetar las leyes de propiedad intelectual al no reproducir ni distribuir ninguna parte de esta obra por ningún medio sin permiso. Al hacerlo está respaldando a los autores y permitiendo que PRHGE continúe publicando libros para todos los lectores. De conformidad con lo dispuesto en el artículo 67.3 del Real Decreto Ley 24/2021, de 2 de noviembre, PRHGE se reserva expresamente los derechos de reproducción y de uso de esta obra y de todos sus elementos mediante medios de lectura mecánica y otros medios adecuados a tal fin. Diríjase a CEDRO (Centro Español de Derechos Reprográficos, http://www.cedro.org) si necesita reproducir algún fragmento de esta obra.

Printed in Spain – Impreso en España

ISBN: 978-84-19982-12-4
Depósito legal: B-12.677-2024

Compuesto en Punktokomo, S. L.
Impreso en Huertas Industrias Gráficas, S. A.
Fuenlabrada (Madrid)

AL 82124

ILUSTRACIONES DE SARA HERRANZ   ALBA GONZÁLEZ

TODOS MIS OJOS TRISTES

PALABRAS PARA LA SALUD MENTAL

ALFAGUARA

A todos los ojitos tristes que perdieron la esperanza:
hay mucha vida después del dolor

Salto al vacío 18
Romperse 44
Recoger los pedazos 67
Volar 106
Agradecimientos 139

¿nacemos para morir o morimos para nacer?

todo lo que hacemos se destina a ser feliz
antes de que se nos acabe la oportunidad de serlo

¿y si realmente tuviésemos que rompernos un poquito
para entender de qué estamos hechos?

¿nuestras fragilidades nos hacen frágiles
o nos dan la oportunidad de unir las grietas con oro?

no sé si esto es más parecido a un diario
o a un cubo de esos que pones al lado de la cama
cuando estás de resaca esperando vomitar
todo lo que has tragado este tiempo

te da igual lo que salga
pero que salga

                y que deje de doler

—¿por qué lloras, pequeña?

estaba sentada en un banco, cabizbaja, intentando evadirme de la realidad cuando le escuché.

—¿quién te ha llenado los ojitos de lágrimas?

fue ahí cuando levanté la mirada y contemplé mi alrededor. se encontraba sentada a mi lado. me quedé extrañada, estaba bastante segura de que era la primera vez que la veía y no entendía por qué se había acercado. pero su presencia, a diferencia de la de la mayoría, no me incomodaba.

nos quedamos calladas, esperaba una respuesta. me limpié las lágrimas como pude y, sin entender qué hizo que le contestase, lo solté:

—yo.

SALTO AL VACÍO

a veces somos nuestro peor enemigo

ponemos la piedra en el camino antes de echar a andar
y nos convencemos de que no la podemos saltar

decimos el primer *no puedo*
y no nos dejamos descansar para poder

nos agarramos a un clavo ardiendo
y   aunque nos quemen las manos
dejamos que nos arda el pecho
porque nos da miedo soltarlo

      me pregunto
      si no da más miedo
      salir ardiendo por completo

nunca dejes
que te hagan dudar
de lo que vales

y ten cuidado

porque la primera persona
que lo hará
serás tú misma

síndrome del impostor

la primera persona
que me rompió el corazón
fui yo

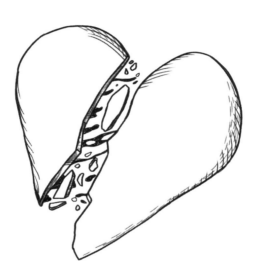

son las tres de la mañana
y los pliegues de mi cuerpo
retuercen mi alma enferma
duele escribir con una soga al cuello

    qué más da qué es lo que siento

debes amar tu cuerpo
pese a que todo te haya hecho no hacerlo

    qué más da qué es lo que siento

ponle pegatinas de colores y escribe sobre ello
nadie quiere leer sombras
muestra la linterna aunque tú también la estés buscando
muestra que la buscas aunque te hayas cansado de hacerlo

    qué más da lo que siento
    si no es bueno
    nadie quiere saberlo

tus errores te hacen ser quien eres ahora

qué tan malo sería
ser alguien diferente
a quien soy

dicen eso
como
si ser quien soy
fuese algo bueno

tenías razón;

lo tenía todo para ser feliz,
pero me faltaba yo

cavé mi propia tumba
cada vez que me decían que no iba a acabar bien
y no les escuché
cuando me decían
que había perdido la sonrisa
que mi luz se veía apagada
y no les creí

¿qué luz? ¿qué sonrisa? si nunca hubo ninguna

soy culpable de cada lágrima porque
decidí quedarme al lado de quien las provocaba

hipnotizada por tu mirada
mi vida comenzó a dar vueltas
y tú eras el centro de ella

soy culpable
porque sabiendo que no iba a acabar bien
no quise dejar de girar en este bucle sin fin

a veces uno intenta recomponerse
con las mismas piezas que le rompieron

el problema está en que me rompí
y cuando fui a recoger los trozos
me corté con ellos

el problema está en que su presencia hacía
que me rompiese más
y más cerca quería estar

el problema está
en que necesité romperme por completo
para enterarme de que *ahí no*

y cuando *ahí no* dime tú **dónde**

si en sus brazos
encontré el cobijo que no me di yo
si era un animal con sed
y cualquier gota de agua me servía
aunque estuviese contaminada
joder

el problema
está
en que no estás
en que quiero que estés
aunque eso me destroce más

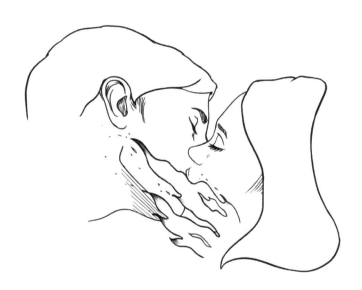

a veces una no quiere ser salvada
porque no le encuentra el sentido a serlo

no puedo respirar
intento no pensar
comerme la comida del plato y no la cabeza
regar las heridas con agua y jabón y no con mis lágrimas
contaminadas de dolor
que luego me pregunto por qué todavía duelen
                    por qué siempre escuecen
y les vuelvo a pasar el trapo sucio de recuerdos
por encima
     es que no aprendo
sigo sin poder respirar
sigo intentando no pensar
mientras me llevo el trapo y me lo ato al cuello
     no aprendo
todavía salgo de casa con el paraguas roto
     esperando
que ese día la lluvia no me cale hasta los huesos
     esperando
       y esperando
         pero no cambiando

el eco de mi voz no dice lo mismo que digo yo

yo digo que da igual
y en el túnel mientras tiemblo
abrazada a mí mientras me mezo
se escucha un *por favor no te vayas*

yo digo que estoy bien
y mis ojitos cansados
mi cuerpo derrumbado
dicen *no puedo más*

el eco de mi voz no dice lo mismo que digo yo

lo que digo
no es lo que quiero decir
y lo que quiero decir
al final
nunca lo digo
pero mi cuerpo mis ojos mi voz

en silencio gritan

mentiría
si no dijese
que he empezado
a sentir calor
en el agujero negro
en el que estoy metida

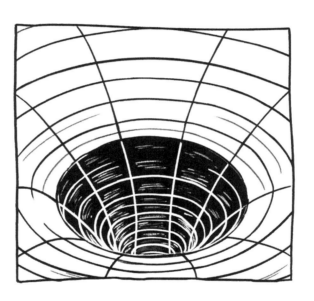

la boca del lobo
se ha vuelto un lugar agradable en el que dormir

un cobijo
donde el calor de su aliento y su compañía
hacen que ser comida por el animal
se sienta menos peligroso
que enfrentarse a la vida

saco la mano
solo para ver qué encuentro fuera de la cueva
y lo primero que siento es un frío
que me paraliza el cuerpo
e inmediatamente me dirijo a la garganta del lobo
donde me siento más segura
aun sabiendo que está a punto de comerme

    siento que
    incluso mejor
    si desaparezco

empiezo a sentirme cómoda en la tristeza

creo que me olvidé de vivir.

cada vez que elegí a los demás antes que a mí. cada vez que permití al dolor entrar y hacerse parte de mí. cada vez que creaba una barrera cuando algo me hacía feliz para no dejarle pasar.

se me hizo incómodo sonreír.

al final todo se tornó azul. cuando me di cuenta vivía en una casa de tristeza y pena donde ya nada dolía porque todo había dolido demasiado demasiado tiempo.

acabé adaptándome a la vida dejando de vivir.

terminé destrozándome yo misma porque fue lo que aprendí.

llegó un punto en el que no necesité que nadie más lo hiciera. yo me encargaba de recordarme cada mañana lo poco que valía. lo ridícula que era. la pena que daba.

vi cómo me clavaban el cuchillo y cogí uno más afilado.

ahora me duelen las entrañas. y no de las puñaladas que ellos me dieron. sino de las que me doy yo.

—¿tú? ¿seguro? —hizo una pausa— y ¿podría ser que te hayan hecho tanto daño... que ya no sepas no hacértelo?

desvié la mirada al suelo. ¿podría ser así? puede ser que lleve tanto tiempo dolida, que ya no sepa hacer otra cosa que no sea odiarme, despreciarme, dañarme... o puede que simplemente sea autodestructiva.
qué más dará.

—¿qué pasa? —me estaba mirando cuando preguntó.

al escucharle me doy cuenta del tiempo que llevo absorta en mis pensamientos. pensamientos que no le interesan a nadie.

—nada.
—venga, dímelo, que ya tenemos confianza.
—pero si no te conozco de nada —le incriminé.
—admite que te has encariñado y que por eso no te has ido todavía —dijo mirándome con una sonrisa burlona.

tenía razón, todavía no me había ido. no sabía muy bien por qué esta vez no tenía la necesidad de huir, pero... definitivamente no sentía cariño por ella.

—no, yo no me encariño de nada —evité su mirada—. cogerle cariño a las personas duele, por un motivo u otro siempre se acaban yendo.

se quedó callada y se tumbó en el banco con la cabeza apoyada en mi regazo.

—y si no te encariñas duele menos... —concluyó con la voz dulce, mostrando comprensión.

jugueteé con mis manos antes de soltarlo:

—si no me encariño, no duele.

frunció las cejas y suspiró, visiblemente en desacuerdo con lo que acababa de decir.

—mmm... no creo. duele, te convences de que no lo hace y duele menos —se incorporó y siguió hablando de manera rápida y atropellada, gesticulando con las manos, como si se lo estuviese explicando al aire— y a veces más, porque no siempre puedes engañarte con que no tienes sentimientos. así que no siempre puedes evitar que duela, pero siempre vas a intentar ocultártelo, por lo que en algunos momentos acabarás doblemente dolida: por la pérdida y por no conseguir autoconvencerte de que no importa.

terminó, cogió aire exageradamente y lo expulsó. yo me quedé sin palabras y ella, por primera vez, me acompañó en el silencio. como si también lo necesitase.

—estoy cansada —confesé tras unos segundos.
—lo siento, no quería...
—no, no —le corté, tratando de explicarme—, me refiero a que... eso es lo que me pasa... que estoy... cansada —concluí.
—cansada... —repitió, intentando entenderlo.

me sentía escuchada, parecía que realmente le importaba cómo me sentía, por lo que seguí desahogándome.

—llega un punto en el que no sé qué es lo que me pasa. no sé por qué lloro, por qué no tengo ganas de nada, por qué me siento mal... no sé si es porque me he sentido así tantas veces que ya no sé sentirme diferente o porque soy una niña caprichosa que no valora lo que tiene... pero es que me da igual —sigo—. solo quiero que acabe. estoy cansada de sentirme así.

le miré a los ojos tras terminar y me encontré en su mirada. era como si supiese de lo que hablo, incluso me atrevería a decir que le vi mover ligeramente la cabeza, asintiendo.
se giró hacia mí y, con interés, preguntó:

—así... ¿cómo?

los ojos se me inundaron de lágrimas.

—así de rota... así de vacía.

ROMPERSE

no es un cansancio normal.
es uno de esos que se te cala en los huesos.

que no hay manera de quitarse estas ojeras por más que duerma
porque las tengo en el alma. muy clavadas.

que hay días que uno no puede más y este es uno de ellos.
que he perdido la cuenta de cuántos días de esos llevo.

que solo me quiero acostar como si así fuese a recuperar el aliento
cuando hace tiempo que ni respirar. sin dolor. puedo.

repito; *no es un cansancio normal.*

así que guárdate los consejos de qué debería estar haciendo
y abrázame para que mi alma descanse
y encuentre un poquito de consuelo.

abrázame

para que sienta que

hoy

existir

cuesta un poquito menos

te ruego que tomes mi mano en la muchedumbre
agárrala fuerte   no me sueltes
porque todas estas voces
me quieren llevar con ellas
a lo más oscuro de mi cabeza
para no volver a ver la luz
para hacerme creer que no la hay
y te prometo
que me falta una pequeña sombra más
para pensarlo
porque hace tanto que lucho
para que no me consuman
que ya no sé.
sinceramente
no sé.
si podré ganar.

no fue para tanto, dije

y seguí con mi vida
limpiándome las lágrimas cuando nadie mira

sabiendo que volvería a repetir aquella mentira
una
y otra vez

sí que dolió. joder. dolió muchísimo. algo en mí se rompió y todavía cuando respiro siento cómo me raja la garganta una de esas esquinas que sobresalen en el interior cuando te rompes en más pedazos de los que pensaste poder estar hecho.

dolió. dolió una barbaridad. y me gustaría que no lo hiciera. pero negarlo solo hace que duela más.

a ver cómo te lo explico...
es como gritar hasta quedarte sin voz
      y no emitir sonido

como escalar una montaña
      y cuando estás a punto de rozar la cima
      caer en picado

como correr en una maratón
      y no llegar nunca a la meta

creer que no la hay

es como estar sin aliento por todo el tramo recorrido
      y sentir que fue para nada

es como gritar escalar correr y luchar
para salir del infierno
cuando sientes
que ya estás ardiendo

ya no sé si es peor sentir o no sentir

sentir todo el dolor
la presión en el pecho
las lágrimas por la cara
que haya una cascada en mi interior y poder sacarla
o sentarme en la cama
preguntándome
qué coño
hago aquí

el vacío que siento
me hace replantearme
qué me hace
seguir viviendo

y puede incluso asustar
porque si te soy sincera
no encuentro respuesta a la pregunta

¿y ahora qué?

¿en qué momento encajan todas las piezas?
o al menos una

en qué momento al encajarlas
no se irán de golpe cada una por su lado
y me dejarán intentando volver a unirlas
o tumbada frente a ellas
    porque ya me he cansado de seguir intentándolo

dime en qué momento
si me encuentro bien durante un tiempo
no caeré en picado

en qué momento encajarán las piezas
y
al hacerlo
mi vida
no se desmoronará   de nuevo
por momentos

sientoquelavidasetratadehacerunpuzleyqueelmíoesdemasiadocomplicado

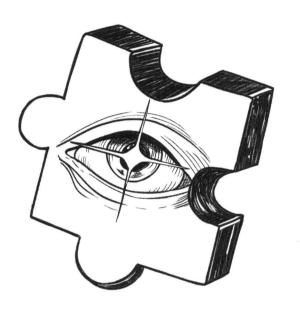

llegará el día
en el que los demonios
dejen de apagarme las luces
llegará el día
en el que deje de haber demonios
llegará el día
en el que alguna luz se encienda

¿llegará el día
en el que los demonios
dejen de apagarme las luces?
¿llegará el día
en el que deje de haber demonios?
¿llegará el día
en el que alguna luz se encienda?

créeme,
   mi cansancio no es por no dormir
      es por no vivir

                              a veces siento
                     que no tengo nada a lo que agarrarme...
                              ... y me da miedo

quiero huir de mis emociones
   y volver a ellas
      cuando se sientan
         un poquito menos oscuras

a mi alrededor
todo se nubla

<u>aunque solo sea una vez</u>
déjame sentir un amanecer de verdad
y <u>abraza</u> <u>mi alma</u>
cuando todo se apaga

arráncame del pecho esta pena que me quema
y <u>déjame</u> (volar)
aunque sea cubierta en cenizas

quiero que deshagas
     cada uno de mis nudos
quiero que   — por un momento —
  me salves de mi entierro

qué será de mí
cuando ya no sepa qué escribir
cuando ya no quede nada de mí
que no esté plasmado en letras
y nada de eso
sea bueno

existir se vuelve una tarea ardua. las sábanas de mi cama me atrapan. me envuelven como el capullo del gusano preparándose para ser mariposa. pero yo me preparo para morir lentamente cuando poso el pie en el suelo e intento que las palabras que me dijiste no me reconcoman —más de lo que ya lo han hecho—.

me acerco al espejo y observo la nube negra que me escolta. que parece que no pesa pero es por ella por lo que no puedo pararme erguida. me siento tan cansada que acabo abrazándola y haciéndome ovillo al lado del maldito cristal que todos los días me recuerda cuánto me odio y que por más que me duela no soy capaz de no ir cada mañana a rememorar la imagen que tengo sobre mí misma —cada día peor—. arrinconada con la sombra abrazada me siento más segura que saliendo por la puerta de casa fingiendo que todo está bien y que puedo seguir con mi vida como si nada. cuando hace tiempo que esto ni es vida ni es nada. el espejo ahora me llega justo por debajo de la mirada. la imagen muestra una cabeza asomada que parece intentar respirar en medio del mar mientras unos brazos le tiran de los pies hasta la profundidad de su alma. y entonces me encuentro.

¿te ha pasado alguna vez eso de mirarte y no reconocerte? a mí sí. pero ese día sí que me reconocí. me reconocí en la chica que intenta no ahogarse en medio de la marea. me reconocí en las ojeras y en la curva en negativo de mi sonrisa. me reconocí en la sombra y la mirada apagada. me reconocí en el rincón lleno de polvo que por más que intentas limpiar se resiste y no llegas nunca. pero no quieres mover el mueble porque no tienes suficientes fuerzas para hacerlo. así que sí. dejas que se siga acumulando aunque algún día ese polvo te ahogue. *qué me ha pasado.* ya no sonrío cuando algo precioso ocurre delante de mí. me echo a llorar cuando dos ancianos se dan la mano porque me parece demasiado doloroso llegar a esa edad sintiéndome así y hace tiempo perdí las esperanzas de llegar a sentirme diferente en algún momento y ese dolor me comprime el pecho y joder cómo duele que esos ancianos no vayamos a ser tú y yo como tanto soñamos. debería levantarme del rincón, dejar la sombra pesada encima de la cama —como si no me siguiese a todos lados— y salir por la puerta. pero repito: *existir se ha vuelto una tarea jodidamente dura.* así que hoy no. hoy no salgo por la puerta. hoy me quedo en la cama abrazada a la almohada llorando todo lo que he aguantado. que ya tocaba dejar de hacerse la fuerte un rato. ya tocaba.

—cariño, a tus ojos les falta vida.
—a mi vida le falta brillo, abuela.

solo vuelve cuando te miro a los ojos
y me compartes el tuyo

¿algún día llegaré a tener sus preciosas arrugas?

o me quedaré en el intento de aguantar
tanto tiempo viviendo

¿dónde estás, vida?   no te confundas
que no le hablo a un amor perdido cuya marcha   todavía no asimilo
                                                                                            no

que le hablo a la vida
a esa cosa que cualquier poeta se queda sin palabras al intentar describirla

¿dónde estás?
que te busco y no te encuentro y te encuentro y parece que ya no te quiero

porque te toco con la misma mano con la que agarro al trauma
                                                              al dolor
                                                                              al pasado

así que vuelvo a soltarte
porque

vivir sufriendo,
¿para qué hacerlo?

para aprender a dejar de hacerlo

cariño mío
que todavía no te has enterado

que la vida no tiene sentido

que a la vida
tienes que buscarle tú
el sentido

y si no se lo encuentras
es que estás buscando
en el lugar equivocado

—no estás vacía —volvió a apoyar la espalda en el respaldo del banco—. estás llena de miedo, dolor, tristeza, odio, rabia, rencor contigo misma, con los demás, con la vida. pero no vacía.

bajé la mirada y me quedé unos segundos pensando.

—y ¿qué hago con todo esto? —la desesperación era palpable en cada palabra, la voz me temblaba— es... es tan oscuro que me pierdo dentro.

aguanté la cascada de mis ojos, impaciente por salir. subí las piernas y me abracé a mí misma, intentando darme el cariño que me faltaba. escondí mi cabeza entre mis rodillas y la cascada empezó a brotar. traté de controlarla, que no se notase cómo todo dentro de mí estaba inundado, pero mi cuerpo saltaba en defensa propia. me pedía una y otra vez que dejase de aguantar todo lo que llevaba dentro de él. mi cuerpo gritaba que estaba a punto de explotar si no empezaba a escucharlo. a escucharme.

de la nada, como si ella escuchase a mi cuerpo antes que yo misma, respondió a mi pregunta. una pregunta que hice sin esperanza alguna de que tuviera respuesta.

—suéltalo, cariño. eso es lo que tienes que hacer. habla de ello. desahógate. manda a la mierda a quien te ha hecho daño y no merece que le perdones, pero perdónate a ti. estate en paz contigo misma. haz lo necesario para conseguirlo. exprésate. enfádate. odia. grita. suelta todo el dolor para dejar paso al amor. baila, canta, escribe si no tienes a nadie a quien contárselo, pero no guardes dentro de ti sensaciones tan desagradables. lo que evitas no se va, lo que evitas se apodera de ti. te hace pequeñita y tú eres muy grande, mi vida. suéltalo... y encuéntrate.

RECOGER LOS PEDAZOS

me siento muy lejos
de mí misma
y no sé cómo volver

a veces uno necesita
perderse para
encontrarse

quién eres
no sabes ~~lo que tienes~~ hasta que ~~la~~ te pierdes

hazte un favor;
cuando te encuentres
agárrate fuerte
y no te sueltes

agárrate al recuerdo
de aquella sonrisa que no pudiste contener

agárrate al recuerdo
de las noches en las que te abrazaste

agárrate al recuerdo
de la niña que no se odiaba

agárrate a la certeza de que
aunque no lo recuerdes
hubo un tiempo en el que estuviste bien
contigo misma

agárrate a la esperanza
como las flores se agarran a la tierra

> te aseguro
> que todavía existen en ti
> raíces sanas
> que no fueron arrancadas

una pregunta;   ¿cómo eras?

cómo eras antes del dolor
de la traición
de la depresión.

¿cómo eras? antes del odio
del miedo
del rencor   ¿lo sabes tú? —porque yo no—

no sé cómo era cuando dentro de mí había algo más que la tortura
de la experiencia de quien nunca la pidió.

                              cuando me levantaba y quería hacerlo.

cuando tus palabras todavía no se me habían clavado
                                              muy dentro.

no sé cómo era antes del sufrimiento.
antes de que mi cuerpo fuese más suyo que mío.
mi vida más suya que mía.
mis pensamientos más míos   menos tuyos.
no sé cómo era antes de escucharte decir que no valía la pena.
que te referías a mi existencia

y ahora no hay día que me levante y no lo piense.

no sé cómo era antes de las ojeras. las noches en vela. el dolor en el pecho. la punzada en el alma por la estaca que cada vez se clava más profunda pero no me mata me deja viviendo y de verdad que

no sé cómo era cuando no agonizaba por seguir existiendo.

...

cómo eras
¿lo sabes tú?
porque yo no

¿acaso
eras?

acaso te ~~reconoces~~ ~~si lo piensas~~

> normal que no te encuentres,
> si ni siquiera sabes muy bien
> a quién buscar

me pregunto quién le habrá hecho tanto daño
a la rosa para que haya necesitado
protegerse con espinas

con los ojitos cansados
después de tanto pelear
toca alzarse en vano en la guerra
—en vano. porque ya sé que voy a perder—

no soy negativa
es que el camino no es aquel por donde siempre
te acabas perdiendo   una y otra vez

es que en la batalla
las armas son para defenderse a uno mismo
          no para regalárselas al enemigo

pero yo
que predigo y escribo y escribo y predigo
sobre batallas guerras luchas y demonios

pelea tras pelea
veo el fango

          y meto la pata hasta el fondo

al final a todos nos pasa lo mismo:
consejos vendo
y para mí
siempre
los restos

quizás huyo de mí
porque siempre huyo de los problemas

porque   siempre
              me he sentido uno

siempre quedará el recuerdo de
|lo que pudo ser|
y   nunca será

el amor es una tontería
hasta que te encuentras llorando
a las tres de la mañana porque
ha acabado

fuimos ese amor que siempre soñé
¿cómo algo   (tan bonito)
pudo acabar siendo algo tan tóxico?

podría haber sido...
    pero ya nunca será(s)

me siento como un ave fénix
resurgiendo de sus cenizas
cuando justo pasa el viento y todas desaparecen

me he ilusionado con la imagen que tenía de mí;
      no soy tan fuerte como pensaba

en cualquier caso me parezco más al pájaro criado en cautiverio
que le sacan de la jaula para ofrecerle la libertad
y resulta que le ha cogido miedo

¿quiénes nos creemos los humanos
para crearle miedo a volar
a tantos pájaros
y a tantos humanos
cuando
fuimos creados para ello?

dime,
quién te cortó las alas
      y te empujó por el precipicio, pajarillo

llevas
tanto tiempo atada
que
le has cogido cariño a las cadenas

—

¿y a ti
qué es lo que te ata?
de qué están compuestas tus cadenas

por qué te empeñas
en seguir con algo
que te hace daño

qué es
lo que te da
que todavía no has encontrado
en otro lugar

cuando llegaste
las calles se encendieron a nuestros pies
las noches recuperaron la luz que perdieron
y   cuando te fuiste
toda mi vida se apagó

en qué momento
tocarnos
comenzó
a dolernos

?

limpié mis lágrimas
con la camiseta que me regalaste

¿cómo puede ser que te hayas ido
y sigas tan presente?

joder es que

~~*al final nunca dejo de llorar porque*~~
~~*de repente apareces sin estar y acaba*~~
~~*doliendo más que no estés que lo que*~~
~~*dolía de verdad*~~

es que vaya mierda tío

de tanto pasar página me he acabado el libro

dime
¿qué hago ahora?

¿empiezo otra saga?
¿leo una revista?
¿arranco las páginas y los recuerdos?
¿me tumbo en la cama fingiendo que esta historia no duele?
¿que no me ha marcado?
cuando la realidad es
que todo esto me destroza
porque he acabado sola el libro que juntas empezamos

dime
qué hago
si tengo todo lo que fuimos en las manos
pero ya no te tengo al lado

dime qué hago ahora
con todo el amor que tenía para dar
         si no me atreví a darlo a tiempo

y ya   ni hay tiempo
            ni hay amor
            al que entregárselo

has cogido mi pecho y lo has hecho tuyo

has conseguido doler lo suficiente
como para escuchar tu nombre
y salir corriendo

estoy jodidamente sola ante esto
porque éramos *tú y yo*
y te fuiste
mientras me arrastraba
para que volvieras
hasta perderme en el camino

                          y ya ni me quedas tú
                              ni me quedo yo

qué extraño se siente
no tenerte a mi lado
    después de todo
¿cómo nos quedamos sin nada?

lo nuestro era un secreto
a voces y acabamos quedándonos
sin voz

muy bonito
pero no puedes ser el refugio de alguien
    cuando no lo eres ni
        para ti mismo

seré buena pero no tonta
que ya me he encargado yo
de quitarme todos los pelos
    hasta quedarme sin ninguno
      — manipulación

confunden el brillo de los ojos
con las ganas de llorar
  ay, niña de los ojos tristes

te quitaste la venda de los ojos
y resulta que los tenías cerrados
 si ya lo decía el refrán...
no hay más ciego que el que no
    quiere ver

pienso arrancar cada página
  y hacer pedazos
este maldito cuento
que ya estoy cansada de leerlo
  — pasar de página

cada rincón está impregnado de tu recuerdo y yo solo quiero entrar en mi habitación y que no duela quiero olvidar todo lo que fuimos porque hemos sido tanto que ya no salgo a la calle sin una lágrima asomando y te prometo que no me arrepiento de todo lo vivido pero joder cómo me gustaría no haber paseado cogidas de la mano por cada calle de Málaga porque ahora paseo con la mano cogida a mi pecho para controlar la ansiedad que brota en mi cuerpo al no tenerte a mi lado cuando recorro los rincones en los que nos besamos y no es que te necesite para ser feliz es que me hiciste serlo tantas veces que se me olvidó buscar la felicidad en otro sitio y ahora las calles han perdido el color que tenían cuando éramos tú y yo y no solo yo y ya no puedo vivir sin tu recuerdo porque no puedo hacer como si no hubiésemos sido *nada* cuando lo hemos sido *todo* en todos lados.

solo quiero encontrar un lugar que no hayamos compartido para estar en un sitio que no me recuerde que un día lo recorrí contigo y lo feliz que fui porque ya ni estás tú ni soy feliz y no me arrepiento de todo lo vivido y no es que te necesite para ser feliz pero joder quizás sí

acababa de olvidarme de lo duro que puede llegar a ser vivir
cuando te cruzaste por mi camino

      y vaya hostia me di

—la felicidad duró un instante—

el mismo instante que duró realmente lo nuestro
porque esto se acabó con la primera mentira
              el primer grito
              el primer insulto
              la primera pelea en la que el respeto
salió por la puerta para volver más tarde en forma de arrepentimiento
pero
      nunca
      a tiempo

lo nuestro se acabó hace tiempo
aunque ninguna de las dos llegásemos a reconocerlo

aún riego las flores que me regalaste
se murieron hace tiempo
pero   todavía no lo acepto

                me pasa igual que con lo nuestro

he observado cada mirada mientras caminaba y he visto

miradas rotas
miradas perdidas
miradas de alegría
miradas de nostalgia
miradas concentradas en móviles que nos desconcentran de la vida

y he llegado a una conclusión:

        todos miran pero nadie ve

no quiero
que me *mires*
que me *oigas*
que me *toques*
que me *quieras*
que me *hables*

---

quiero
que me *veas*
que me *escuches*
que me *sientas*
que me *ames*
que me *cuentes*
y que te dejes de cuentos

si te vas   vete
no te vayas a medias
no te vayas un poquito y luego vuelvas

si te vas   vete
que ya duele suficiente que te vayas
como para vivir
con la ilusión destrozada de que vas a volver

cuando en realidad
nunca
nunca
llegas a quedarte

plantaron la semilla del odio
y quieren que yo arranque sus hierbas
que coja y queme las raíces
cuando ya se han hecho parte de mí

     no es venganza pero
ojalá te toque estar a mi lado cuando lo haga
porque me verás arder
y entonces
arderás conmigo

...

puede que sí que tenga
sed de venganza
y lo siento   —no tanto—
pero pienso servirme una copa
bien fría y cargada
que me deje
borracha de alivio

le estoy cogiendo el gusto a esto
de tragar más saliva y menos palabras

la ironía es

que somos más felices

mientras alargamos el brazo para tocar la cima

que cuando tenemos la montaña en nuestras manos

somos más felices cuando soñamos

que cumplimos nuestros sueños

que cuando realmente

lo hacemos

solo quedarán recuerdos de una vida en pena

pensamos que pasará
y nos dedicamos a verlo todo pasar

de tantas cosas que somos capaces de crear

¿cuándo crearemos una caja de recuerdos en
la que no desaparezcan los buenos?

quiero atrapar cada momento en mis manos y poder recordarlo
pero no tengo tan claro que sea capaz de atrapar uno bueno

¿no habrá momentos buenos o será que no los siento?

creo que interpretar algún personaje feliz es lo más cerca
que estaré nunca de sentir la felicidad
qué suerte tengo de sentir siempre muy dentro todo lo que interpreto

quiero volver a subirme al escenario y dejar de ser yo durante
un tiempo

en fin...
lo dicho:

pensamos que pasará

y nos dedicamos

a verlo todo pasar

—por un lado tienes razón... —le miré extrañada, esperando que siguiera—. estás rota.

lo soltó como si nada. levanté las cejas sin creerme que fuese capaz de decir algo así y quedarse tan tranquila.

—gracias —aparté la mirada.
—no —se incorporó y llamó mi atención—, escucha.

mis ojos se cruzaron con los suyos, estábamos tan cerca que pude verme reflejada. sin entender por qué mis ojos volvieron a ponerse vidriosos, deseando una explicación que nunca llegaba.

ella cogió aire antes de hablar y lo soltó en un gran suspiro, se notaba que le costaba encontrar las palabras adecuadas. pero, finalmente, lo logró.

—estás rota porque te falta cariño desde dentro, pero no estás perdida —no entendía qué quería decir con aquello y ella lo notó, por lo que siguió tratando de explicarse—. estás rota porque tú no te das cariño, pero no estás perdida porque todavía lo tienes. lo noto, en tu manera de mirar, en tus ojos. tú no te das amor, pero tienes mucho amor dentro de esos ojitos tristes. debes encontrar la manera de darte aunque sea un poco del cariño que les das a los demás. tienes que darte cuenta de que mereces tu propio amor y el de los demás.

VOLAR

estoy buscando lo que necesito
equivocándome cuando pienso que lo encuentro
y volviéndolo a buscar

fallando a los que no me quieren de verdad
enorgulleciendo a quienes siempre lo hicieron
reconciliándome conmigo
y abrazándome de vez en cuando

estoy repartiendo el amor y tiempo que tengo
para darme un poco a mí
para no quedarme siempre la última
en mi propia lista

puede que sea
el primer acto de amor
que tengo conmigo misma

sé que es duro
vivir en un cuerpo agotado
en un alma cansada de luchar
por un ápice de vida que no encuentra
sé que es duro acostarse deseando
no levantarse
sé que es duro la culpabilidad que sientes
por querer algo que no tiene marcha atrás
por incluso
desearlo
sé que
muchas veces es duro
vivir ~~en un cuerpo agotado~~
pero te prometo que de las grietas
salen flores
que en las tormentas
vuelve a salir el sol
aunque sea
un pequeño y tímido rayo
y que

mereces
quererte lo suficiente
como para ser tu propio motivo
por el que seguir adelante

dejaste de quererte
cuando sentiste que nadie más lo hacía

dejaste de valorarte cuando creíste que
ya no eras útil para nadie

dejaste de brillar pensando que si nadie te alumbraba
no tenías ningún reflejo que dar
y que si lo hacían y no les gustaba lo que veían
ese reflejo no servía

pero
la luz del sol sale cada mañana
me oyes
mi niña
no necesitas que nadie vea tu reflejo y lo quiera

necesitas creer que
aunque haya personas que no valoren lo de dentro

      un diamante
      sigue siendo un diamante
           aunque esté sin pulir

eres tantas cosas
que me destroza ver
que te sientes tan poco
mi vida
eres
quien se levanta por las mañanas
aun sin fuerzas
para superar el día
eres
quien lucha contra sí misma
en una batalla donde siente
que ya está perdida
escúchame bien
y léeme cada vez que dudes:
tienes muchos problemas
pero nunca
jamás
serás uno

———

te prometo que
la rosa no tiene espinas porque quiere

está todo borroso
te frotas los ojitos por milésima vez
a ver si algo cambia
viendo la vida a medias
no porque quieras
sino porque estás tan cansada
que ni siquiera puedes abrir los ojos al completo
la mirada baja pendiente al suelo
por miedo a caer de nuevo después de todos los tropiezos
por miedo a mirar al cielo
y verlo otra vez negro
los ojos son un reflejo del alma, dicen
y tú sientes que tienes la mirada apagada
pero no es verdad
tu luz está escondida
de tantas veces que se ha visto amenazada
sigue brillando
como el primer día en el que soltaste un llanto
como aquel día del que te arrepientes tanto
tu luz sigue brillando
pero está tapada
en el fondo del armario
en el que guardas todas las cosas que callas
todo el odio que te tienes

todo el dolor que te acompaña
ve soltando cada prenda recuerdo vivencia
en un lugar seguro
para que poco a poco veas con más claridad
toda la vida que guardas en esa mirada
                        en esa alma

tu luz merece ser vista y valorada
aquí abajo
en la tierra
y no arriba
como una estrella

a veces
hay demasiadas nubes
en el cielo
como
para ver las estrellas

pero
eso no significa
que no estén

    con la depresión pasa lo mismo

siéntate a mi lado
y
desnuda tus monstruos

vamos a verlos uno a uno

a desliar el nudo del estómago
y crear un lazo
que
deconstruya la idea que tienes
sobre ti misma

vamos a abrazarnos por la espalda
y apretarnos

mientras todo lo demás duela

juntas
doleremos menos

vamos a dejar las cosas claras:
todo tiene su lado malo.

de atreverse a gritar *la afonía*
del puñetazo en la mesa *la mano rota*
de la esperanza *que sea falsa*
y del amor
que sea *el tuyo*

vamos a dejar las cosas claras:
todo tiene su lado bueno.

de la afonía que te escuchen
de la mano rota la justicia
de la falsa esperanza la posibilidad de volver a soñar
y del amor
darse cuenta de que ahí *no*
y poder marcharse para encontrar
dónde *sí*

¿no crees que <u>esa persona</u>
<u>ya te ha quitado</u> suficiente
como para que te siga quitando
la sonrisa?

                                                               no puedo dejar de pensar
que —no has reído lo suficiente
como para marcharte —

mi madre ♡ siempre será un sitio
seguro al que volver

                                                               no encontraba mi hueco
y <u>me hice uno</u>

libérate, mi vida
fuiste hecha para (volar)
no para estar atada
a las <u>cadenas del miedo</u>

la vida es
un domingo por la tarde
plan de peli mala
abrazarte las penas
perdonarnos los errores
las diez de la noche
recoger los abrigos y encontrar motivos
para no marcharnos
la sonrisa en la cara
las pocas ganas de que te vayas

la vida es
todos esos momentos
en los que estoy contigo

quiero que nuestras manos se vuelvan a rozar
las chispas vuelvan a saltar
y nuestro amor vuelva a empezar

pero esta vez sin miedo
del qué dirán

que ningún amor te dé la vida
no sabes cuántas vueltas puede dar
si ese amor se va
qué te queda
si no te quedas tú
si nunca te quedaste
qué te queda

mi vida

qué te dará entonces la vida
que les falta a tus ojos
si no eres tú misma

date la garantía de tenerte a ti misma

nunca dejes que derrumben el edificio
que tanto te ha costado construir

cosas bonitas de la vida:

las sonrisas. mi yaya. las sonrisas de mi yaya. los amaneceres.
el sentimiento de haber hecho algo bueno. el frío en verano.
el calor en invierno. los abrazos cuando nos faltamos.
el perdón tras el error. el sabor de tu plato favorito.
tus besos. tu sabor. el deseo. el amor.
el momento en el que tu artista favorito saca música. escribir.
las sonrisas de nuevo. estirarse tras despertar de la noche.
llorar. sentir. el olor de las flores. tú.

y algún día yo.

lo dejé calentar demasiado tiempo

tardé mucho en quitar mi cuerpo del fuego
$\qquad\qquad\qquad\qquad$ del peligro
$\qquad\qquad\qquad\qquad$ del dolor

prendí la llama y me dejé arder
consumiéndome por mis pensamientos

quise quitarme de en medio
pero a veces el miedo nos deja donde estamos

con mis lágrimas deshice el nudo de mi garganta
y apagué el incendio

quise salir caminando pero me había reducido a cenizas
y luego vino el viento a hacer de las suyas:

$\qquad\qquad$ me llevó a volar
$\qquad\qquad\qquad\qquad$ *y volar*
$\qquad\qquad\qquad\qquad\qquad\quad$ *y volar*
$\qquad\qquad\qquad\qquad\qquad\qquad\qquad$ por miles de senderos

juro
que nunca me sentí tan libre
como aquel día
en el que el dolor
voló conmigo

no hay nada que requiera de más fortaleza
que dejar de ser fuerte un tiempo

enfrentarse a
parar
en un mundo
donde siempre te exigen
seguir
no es nada fácil

nunca pensé llegar a esto
pero
ahora que estoy aquí
solo me queda coger aire

y

pretender
  que ese aire
        no me ahogue

—te lo dije —replicó, entre dientes.

me quedé en silencio, me daba vergüenza darle la razón.

—te lo dije —repitió como una niña pequeña que se había salido con la suya.
—ya me he enterado.
—es que sienta muy bien decirlo.

intentaba aguantarse la risa, pero una sonrisa pícara se mostraba irremediablemente en su cara.

—¿qué te hace tanta gracia?

empezó a reír antes de decir algo que siempre recordaría.

—¿no es increíble la cantidad de cosas desconocidas que hay dentro de nosotros mismos? —hizo una pausa—. me parece asombrosa la cantidad de secretos que guarda nuestro cuerpo, son como tesoros que descubres justo en el momento en el que lo necesitas. ni antes, ni después —miraba al cielo mientras hablaba, contemplándolo. y yo, mientras, contemplaba sus palabras—. nos pasamos la vida buscando muchas de esas cosas sin saber que, la mayoría, están dentro de nosotros.

me miró de reojo antes de seguir.

—¿cuántas personas más habrá que anhelen con todas sus fuerzas tener un mínimo de luz dentro de ellas...? —negó con la cabeza antes de seguir— y cuántas descubrirán, cuando esa luz se apague por completo, que siempre la tuvieron dentro.

estaba entristecida, de toda la conversación era la primera vez que la veía tan vulnerable.

decidí respetar el tiempo que necesitase de silencio antes de hacerle la pregunta que llegaba rondando por mi cabeza desde, prácticamente, el principio de la conversación.

—¿cómo sabes tanto de esto? —solté.
—¿en serio?
—¿... qué?
—esperaba que me preguntases... no sé. quién soy, de dónde he salido... teniendo en cuenta que llevas una hora conmigo, que he llegado de la nada y que aquí sigo... desde luego que «¿cómo sé tanto de esto?» no es la pregunta que me esperaba —volvió a reírse.

—bueno... eso también. pero después de todo, lo que más me sorprende es que tengas respuestas para todo, más allá de quién seas.

me dio la razón con una pequeña mueca y se quedó en silencio.

—¿y bien? —inquirí.
—no lo sé... experiencia, supongo. además, no tengo respuesta para todo.
—claro que sí —dije respondiendo a lo último que había dicho—, entonces... ¿experiencia?
—supongo, ya te digo que no lo sé.

parecía evitar el tema, pero yo necesitaba respuestas.

—¿tú también te has sentido... —no sabía cómo describirlo— así?
—así... —rio sarcásticamente por cómo lo había preguntado.

—sí, así, eh… no sé… así de…
—si con *así* te refieres a así de destrozada —me cortó—, así de dolida, de triste, así de vacía y a la vez llena de nada, así de simplemente «¿vivir? ¿para qué?» —acompañó estas palabras de una subida y bajada de hombros exagerada y suspiró antes de terminar—. sí, digamos que también me he sentido así.

si antes no sabía qué decir, ahora menos.

—tú también te has sentido así de desesperada —ya no preguntaba, ahora afirmaba.

las dos nos quedamos en silencio.

—¿y quién no?

dijo tras unos segundos.

—¿quién no se ha sentido tan roto alguna vez que ha pensado que era imposible volver a unirse? quién no se ha perdido en el camino y ha pensado, aunque sea un segundo, que no podría volver a encontrarse. quién no se ha sentido tan desolado que ha querido huir de todo. huir y no volver. aunque luego no lo haya hecho. quién no ha querido acabar con todo por sentir que todo estaba acabando con uno mismo.

me quedé pensando en lo que acababa de decir, cuando ella se levantó del banco y se acomodó la ropa.

—¿qué pasa? —se percató de cómo la estaba mirando.
—¿qué haces? ¿te vas?
—pues claro, yo ya he terminado todo lo que tenía que hacer aquí.
—¿que ya has...? —estaba desconcertada— espera, ¿qué? ¿y a dónde te vas?
—¿cómo que a dónde voy? pues ya veré.
—no te puedes ir todavía —dije, asustada porque lo hiciera.

me levanté del banco. su cara mostraba sorpresa ante mi contestación, pero a mí me parecía bastante evidente el por qué no se podía ir.

—¿y ahora qué? —notaba cómo el corazón empezaba a escalar por mi garganta golpeando cada vez más fuerte mi pecho—. ¿qué hago ahora? ¿cuál es el siguiente paso? ¿qué hago con todo esto que me has enseñado?

estaba acelerada, las preguntas salían por mi boca antes de que pudiera controlarlas. mis ojos se confundían de nuevo con cristales rotos, eran una cascada a punto de brotar.

—¿qué tengo que hacer para estar bien? —solté con un último grito desgarrador. el grito de alguien destrozado que siente que pierde la única oportunidad de volver a repararse.

me miró fijamente y con la mayor sinceridad que había visto nunca, respondió.

—no lo sé.

sus ojos estaban tristes, se parecían a los míos.

—te lo dije... —esta vez no lo decía de manera juguetona. la seriedad y la pena inundaban su rostro— no tengo la respuesta a todo.

cuanto más sabía de ella más dudas me surgían. de un segundo a otro en mi cabeza saltaban miles de preguntas sin responder, pero siendo consciente de que no conseguiría nada preguntándole sobre lo de antes, solté la pregunta que, ahora sí, más me surgía.

—¿quién... eres?

solo sonrió, pero entonces lo entendí. durante todo este tiempo había tenido una imagen borrosa de ella, desdibujada, y, en ese momento, que parecía que empezaba a ver las cosas con más claridad, pude darme cuenta de que la persona que tenía delante se... parecía mucho... a... mí.

se colocó de manera en la que solo le veía el perfil, preparándose para continuar su camino. mientras hablaba tenía la mirada perdida, como si no tuviese claro a dónde ir.

—no sé qué hay que hacer ahora... quizá si lo supiera no estaríamos aquí —hizo una pausa y se giró hacia mí—, pero lo que sí sé es que mereces darte la oportunidad de descubrirlo.

y con un último suspiro, soltó:

—no tomes la decisión de irte antes de ver de qué va la vida.

comenzó a caminar y su silueta se difuminó a lo lejos. tras unos segundos paralizada me giré en dirección al banco y encontré un papel perfectamente doblado en el sitio donde estaba sentada.

Para ~~ti~~ mí

*no tomes la decisión de irte de la vida
sin haberla vivido. no decidas que la vida no
vale la pena cuando no sabes lo que es vivir.
cuando sobrevives confundes lo que es una
cosa y lo que es otra. cuando sepas lo que es
vivir... vivir sin depresión. sin trauma. sin un
trastorno de la conducta alimentaria. vivir
con ayuda psicológica. una ayuda
que de verdad ayude. vivir con el miedo
de la mano, no cargado en la espalda.
cuando sepas, realmente, lo que es vivir.
podrás decir con consciencia que vivir no
vale la pena. lo bueno es que, cuando vivas
y lo hagas de verdad, acabar con la vida
no será una opción frente al sufrimiento.*

Agradecimientos

No os voy a mentir.

Cuando termino de leer un libro nunca me apetece especialmente ver los agradecimientos, pero no puedo negar que a la hora de terminar de escribir un libro esta es una de las partes más bonitas, porque es como si charláramos cara a cara mientras os cuento quiénes han formado parte de lo que tenéis en mano.

En el proceso de escritura del libro me llegó un correo al que siempre estaré agradecida. Soy consciente de que puedo sacar libros de manera independiente, pero publicar un libro y tener la posibilidad de verlo en librerías era algo que deseaba desde hace mucho tiempo.

Gracias a todo el equipo de Penguin y, en especial, a Ana, mi editora, por escribir y enviarme aquel correo y apostar por visibilizar la salud mental de esta manera. Siempre supe que escribir sobre algo tan delicado de una manera cruda y real era muy arriesgado, porque para quienes no lo viven puede llegar a ser muy incómodo de leer, pero es igual de necesario. Gracias por arriesgaros conmigo.

Para quienes habéis leído otros libros míos, Héroe ya es alguien conocido. Mi perro me acompaña en todo el viaje que supone publicar un libro. Mientras lo voy creando, se sienta en mi regazo y me pide que le acaricie o se para a mirarme fijamente para que me levante y juegue con él, prometiéndome que serán solo unos minutos. Yo claramente siempre caigo en sus trampas.

Gracias por estar siempre a mi lado, ojalá me acompañes en muchos más libros, enano.

Desde que empecé a publicar y me hice mínimamente conocida en redes sociales, en casa empezaron a asegurar, con el humor que los caracteriza, que llegaría muy lejos y que cumpliría mi sueño. Siempre que me lo decían, me reía, porque cualquiera se cree que dos años después de publicar mi primer libro iba a cumplirlo. Cualquiera menos ellos, claro. Siempre confiaron en mí y siempre que me aseguraban que conseguiría algo, lo lograba. Gracias por luchar para que no abandonara mi sueño y por apoyarme en cada una de mis locuras. A ver cuándo me aseguráis que os voy a lograr convencer para adoptar a otro perrito...

Siempre me ha gustado mucho estar sola, pero hubo una época en la que pasar tiempo a solas era más bien una manera de seguir cavando mi propia tumba. Me ha costado salir de ahí, pero gracias, Lucía, Tome y Ana, por ayudarme a salir de casa cuando no tenía ganas de nada.

Gracias por estar a mi lado después de tanto tiempo y tanto pasado. Tengo mucha suerte de teneros.

Tengo muy claro que si hoy estoy aquí, viva, es gracias al arte. Porque sin la escritura, sin el teatro, sin el baile o sin la pintura no habría encontrado momentos en los que desconectar de mi propia realidad. Y eso, entre otras cosas, me ha salvado. Gracias, *arte*, porque sin ti, yo no sé qué sería de este mundo. Y sobre todo, gracias a mi escuela y grupo de teatro que me han dado tanta vida sin saberlo.

Sigamos apoyando la cultura. Vayamos al cine, al teatro, a los conciertos, a los museos, compremos libros y regalémonos un sinfín de momentos, sentimientos y emociones, que es lo más bonito que tenemos. No dejemos que muera aquello que nos hace humanos.

Como no podía ser de otra manera, gracias a vosotros, que hoy sostenéis este libro, por haberme acompañado en este camino. A los que lleváis más tiempo leyéndome, gracias por seguir apostando por mí y hacer posible todo esto. Y a los que habéis llegado nuevos, gracias por confiar en mi trabajo y ojalá esta no sea la última vez que nos veamos.

Y, por último, gracias a ti por seguir adelante. Estar no siempre es fácil y lo estás logrando, estás haciendo lo que puedes y eso es suficiente.

Te aseguro que mereces un final feliz.

Con sinceridad y cariño,

Alba González

Este libro se terminó de imprimir
en el mes de octubre de 2024.